4 de julio de 1776

La declaración de

Independencia
Americana

FECHAS PARA LA HISTORIA

4 de julio de 1776
La declaración de Independencia Americana

Brian Williams

EVEREST

Título original: *4 July 1776*
    The declaration of American Independence
Traducción: Liwayway Alonso Mendoza

First published by Cherrytree Book (a member of the Evans
Publishing Group), 2A Portman Mansions, Chiltern Street,
London W1U 6NR, United Kingdom

© Evans Brothers Limited 2002
This edition published under license from Evans Brothers
Limited. All rights reserved.
© EDITORIAL EVEREST, S. A.
Carretera León-La Coruña, km 5 - LEÓN
ISBN: 84-241-1601-1
Depósito legal: LE. 992-2004
Printed in Spain - Impreso en España
EDITORIAL EVERGRÁFICAS, S. L.
Carretera León-La Coruña, km 5
LEÓN (España)

Atención al cliente: 902 123 400
www.everest.es

Picture credits:
Mary Evans Picture Library: 9, 11, 13
Peter Newark's American Pictures: cubierta, 7, 10, 12, 14,
15, 16, 17, 19, 20, 21, 22, 23, 24, 25, 26
Topham Picturepoint: 6, 18, 27

Sumario

El cuatro de julio

El cuatro de julio es la fiesta nacional más importante de los Estados Unidos. Cada año, en esa fecha, la gente de todo el país se reúne para celebrar encuentros familiares y disfrutar de las vacaciones. La fiesta recuerda a todos los americanos el día en que se formaron los Estados Unidos, cuando se promulgó la declaración de independencia, el 4 de julio de 1776.

Fuegos artificiales sobre la Estatua de la Libertad, durante las celebraciones del cuatro de julio.

La Declaración de Independencia está escrita sobre un **pergamino**, y está redactada con caligrafía del siglo XVIII. Al final, aparecen las firmas de 56 representantes de las 13 colonias. La declaración fue ideada para explicar por qué había que acabar con el dominio británico en América.

El 4 de julio de 1776 la declaración fue adoptada por representantes de 13 colonias en América. Tras años de discusiones y protestas, había comenzado la Guerra de Independencia. La declaración exponía los ideales de los **colonos,** entre ellos *'que todos los hombres son creados iguales; que son dotados por su Creador de ciertos derechos* *inalienables; que entre éstos están la vida, la libertad y la búsqueda de la felicidad'*. Establecía que si un gobierno injusto les negaba a los americanos esos derechos, ellos tenían derecho a rebelarse.

En 1783 los Estados Unidos habían ganado su batalla por convertirse en una república independiente. Los americanos habían abierto el camino a otras gentes. La declaración de independencia se ha convertido hoy en un preciado documento histórico, que se exhibe en los Archivos Nacionales de Washington DC, y sus palabras son una fuente de inspiración para los amantes de la libertad del mundo entero.

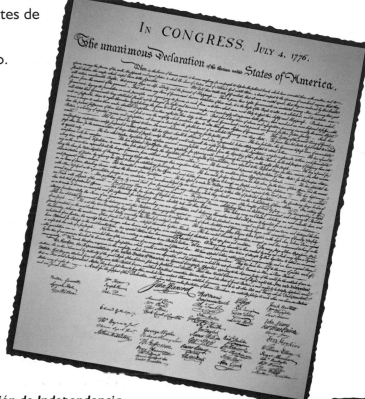

El documento de la Declaración de Independencia del 4 de julio de 1776.

La América británica

En 1776, la América británica cumplió casi 200 años. La primera colonia había sido establecida por los **colonos** británicos en 1607 en Jamestown, Virginia. En 1619, los colonos de Virginia pusieron en marcha su propio gobierno, la Cámara de los Comunes.

Entre los colonos llegados de Gran Bretaña había nobles, comerciantes, soldados, granjeros y artesanos. Algunas

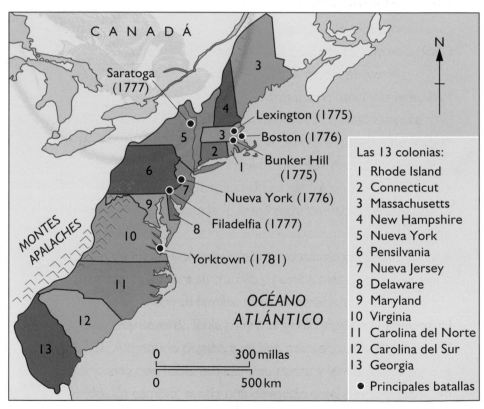

En el mapa aparecen las 13 colonias de la América británica, y se muestran las batallas más importantes de la Guerra de Independencia.

Vista de la colonia de Nueva York en 1750.

familias llegaban a América en busca de libertad religiosa. En 1733 ya había 13 colonias británicas en la costa oriental de América. Algunas, como Rhode Island, eran pequeñas. Otras, como Virginia, eran mucho mayores: casi tan grandes como Gran Bretaña. Los territorios que había hacia el norte, el oeste y el sur pertenecían a Francia y España.

Cada una de las 13 colonias tenía su propio gobierno, pero el poder final siempre recaía en el gobernador de la colonia, que era designado por el rey británico. Los colonos debían obdecer las leyes dictadas por el Parlamento de Gran Bretaña.

La sociedad americana era más libre e indulgente que la británica. Algunas personas ricas, dueñas de las grandes granjas y las casas elegantes, tenían esclavos, pero las personas pobres que trabajaban duro también podían prosperar. En su nuevo mundo, los americanos se las arreglaban solos y ya se sentían independientes.

La protesta

Francia estaba enfrentada con Gran Bretaña por el control de América. Durante la guerra contra los franceses e indígenas de 1754-63, los americanos ayudaron a los solados británicos a derrotar a los franceses. La victoria dio el poder a Gran Bretaña sobre una parte importante de Norteamérica.

Los británicos habían logrado formar un **imperio,** pero no sabían cómo gobernarlo. En lugar de recompensar a los americanos por su ayuda, subieron los **impuestos** para pagar la guerra. América debía pagar por el privilegio de pertenecer al Imperio Británico.

Fuerzas británicas y francesas en lucha durante la guerra franco-indía de 1754-63.

Los colonos estaban en contra de cualquier impuesto creado por un gobierno en el que no tenían participación. Protestaban diciendo: *'No admitiremos tributación sin representación'*, señalando que no había representantes americanos en el Parlamento de Londres. Los colonos también temían que un ejército británico se estableciera permanentemente en América, y no querían tener que alojar y alimentar a esos soldados. El gobierno británico también impedía que los colonos se trasladaran a los territorios indios al oeste de los montes Apalaches. Para los colonos aquello significaba una interferencia aún mayor en su libertad.

Un ejemplo de los timbres que se impusieron a los colonos en 1765.

El gobierno británico no hizo caso de las protestas e insistió en crear nuevos impuestos. La Ley del Timbre de 1765 forzaba a los colonos a pagar impuestos sobre impresos tales como los periódicos, las barajas y los documentos legales. Cuando ellos se negaron a pagar, el impuesto tuvo que ser retirado.

En 1767, los británicos lo intentaron de nuevo. Crearon nuevos impuestos –o aranceles– sobre los bienes que eran transportados por barco a las colonias. De modo que los americanos dejaron de comprar bienes británicos y comenzó el contrabando para evitar dichos aranceles. Algunos colonos formaron agrupaciones, que se llamaban Hijos de la Libertad, para oponerse a las nuevas leyes.

La reacción

Muchos americanos esperaban que la disputa con Gran Bretaña llegara a un final pacífico. Los británicos seguían insistiendo en que podían crear las leyes que quisieran para sus colonias, y decidieron emplear la fuerza para dejar claro su parecer.

Los soldados tomaron las ciudades de Boston y Nueva York. Al ver en las calles las casacas rojas de los soldados británicos, la gente enfureció. En Boston, el 5 de marzo de 1770 los soldados británicos se asustaron y dispararon contra una multitud de ciudadanos que les estaban abucheando. Tres personas murieron a causa de los disparos, y más tarde otras dos murieron como resultado de las heridas que habían sufrido. Los americanos lo llamaron 'La matanza de Boston', y sirvió para alimentar el sentimiento anti-británico.

La matanza de Boston, en marzo de 1770.

El siguiente movimiento de Gran Bretaña fue retirar los odiados aranceles sobre los bienes importados, excepto en el té. En 1773 se recortó el impuesto sobre el té de la Compañía Británica de las Indias Orientales, haciendo que su té resultara más barato que el té que llegaba de cualquier otro lugar. La respuesta de los americanos patriotas fue negarse a beber el té 'británico'. El 16 de diciembre de 1773, un grupo de **patriotas** disfrazados de indios abordaron las embarcaciones británicas del puerto de Boston y lanzaron los baúles de té al agua. El incidente se conoce como el motín del té de Boston'.

Motín del té de Boston, 1773.

Aquella vez el gobierno británico actuó con dureza. Cerró el puerto de Boston y le concedió al gobernador de Massachusetts nuevos poderes para arrestar a los agitadores. Enfadados por estas leyes 'intolerables', algunos americanos comenzaron a hablar abiertamente de una ruptura con Gran Bretaña.

Los líderes coloniales tuvieron una reunión en Filadelfia. Los representantes de 12 colonias (todas excepto Georgia) se reunieron en el Primer Congreso Continental, en septiembre de 1774. Algunos esperaban que el rey Jorge III pudiera ayudarles a enfrentarse a un gobierno injusto. Él se negó a ponerse de su parte. Cualquier americano que se negara a obedecer las leyes de Londres era un rebelde.

La guerra

El gobierno británico no sabía cómo tratar con América. Se apoyó en su ejército. El 19 de abril de 1775, los casacas rojas británicos se encontraron en Lexington, Massachusetts, con los milicianos de las colonias (los 'minutemen', hombres que en caso de necesidad estaban dispuestos para el combate en un minuto). El famoso viaje a caballo de Paul Revere alertó a los habitantes del lugar. Los británicos continuaron su marcha hasta Concord, donde los americanos los detuvieron. A lo largo de todas las colonias, los patriotas tomaron las armas. Había comenzado la guerra.

Paul Revere corrió en su caballo a avisar a los milicianos locales de la llegada de los casacas rojas británicos.

El segundo Congreso Continental se reunió en mayo de 1775. En él se organizó un Ejército Continental, poniendo al mando del mismo a George Wahington, de Virginia. La primera verdadera batalla de la guerra se libró en Bunker Hill, cerca de Boston, en junio de 1775. Los británicos perdieron más de 1.000 soldados y los americanos unos 400.

El Congreso envió una última petición de ayuda al rey Jorge, pero en agosto el rey ordenó a los americanos que pusieran fin a la rebelión o tendrían que atenerse a las consecuencias. George Washington estaba entrenando soldados a toda prisa para enfrentarse a las poderosas fuerzas Británicas. La lucha se extendió hacia el norte, a Canadá y hacia el sur, a Virginia, donde el abogado Patrick Henry hizo un conmovedor llamamiento a las armas: '...*dadme la libertad o la muerte*'.

En enero de 1776, Thomas Paine publicó un panfleto que causó sensación, titulado *Sentido común*. Paine era un emigrante reciente en América, llegado de Inglaterra. Sostenía que los americanos jamás podrían ser libres mientras estuvieran bajo el gobierno británico. Gran Bretaña aún no era una **democracia.** Los americanos debían someterse al rey... o establecer una **república** libre.

Para muchos americanos, las palabras de Paine tenían sentido. Si debían luchar, sería por la independencia. Había llegado el momento de declarar los principios por los que los americanos habrían de luchar y morir.

La batalla de Lexington, el 19 de abril de 1775.

Jefferson comienza su trabajo

En junio de 1776 Richard Henry Lee, de Virginia, habló ante el Congreso. Su **resolución** (sometida a debate) era *'que estas Colonias Unidas son, y por derecho deben ser, estados libres e independientes'*. El Congreso designó a un comité formado por cinco hombres para redactar un borrador de la Declaración de Independencia. Los miembros del comité eran Thomas Jefferson, Benjamin Franklin, John Adams, Roger Sherman y Robert Livingston.

Los miembros del Comité de la Declaración. De izquierda a derecha: Jefferson, Sherman, Franklin, Livingston y Adams.

Thomas Jefferson redactó el borrador de la Declaración. Era un abogado de Virginia, un escritor ágil y lúcido. Estaba convencido de que los americanos tenían 'derechos naturales' y no estaban obligados a obedecer las leyes dictadas por el Parlamento británico, en el que no tenían participación. Puso por escrito los motivos por los que los americanos tenían derecho a gobernarse por sí mismos. Basó sus argumentos en ideas tan antiguas como la Carta Magna (firmada por el rey Juan de Inglaterra en 1215) y en los principios más modernos de la democracia, expuestos por el filósofo británico John Locke y los escritores franceses Voltaire y Rousseau.

El 2 de julio, el Congreso votó para aprobar la resolución de Lee. Tras comentar el borrador de Jefferson, el 4 de julio se votó para adoptarlo. Se hizo una copia del documento en un pergamino. Después, 56 representantes lo

John Hancock, la primera persona que firmó la Declaración de Independencia.

firmaron, muchos de ellos el 2 de agosto. Los primeros nombres de la lista eran los de John Hancock, el presidente del Congreso, y Charles Thompson, el secretario. Hancock escribió su nombre en grande para estar seguro, como dijo, de que el rey Jorge pudiera leerlo bien sin gafas.

Los colonos habían dado un paso histórico. Hasta aquel momento, pocos americanos habían tenido una idea clara de la clase de país o de gobierno que estaban creando. Primero tenían que ganar la guerra. Si América perdía, los hombres que habían firmado la Declaración de Independencia podían ser ahorcados por **traidores.**

¿Quién firmó la declaración?

Los líderes coloniales que firmaron la Declaración de Independencia eran típicos de su tiempo. Todos eran hombres. Las mujeres aún no participaban activamente en la vida política, aunque algunas mujeres americanas jugaban un papel importante en la vida pública. Ninguno de aquellos hombres eran afro-americanos o indígenas. Casi todos eran terratenientes adinerados, 'caballeros' con puestos importantes en las colonias de las que procedían.

John Hancock, por ejemplo, procedía de una familia de ricos comerciantes bostonianos. John Adams era un abogado, como Jefferson. Roger Sherman, de Connecticut, y Robert Livingston, de Nueva York, eran jueces ambos y otro juez,

La casa de Thomas Jefferson en Virginia, ahora monumento nacional.

Stephen Hopkins, de Rhode Island, había redactado un panfleto, en 1765, criticando el modo de gobierno de Gran Bretaña sobre sus colonias.

Seguramente el más notorio de estos 'padres fundadores' era Benjamin Franklin. Fue un hombre dotado de muchos talentos que había sido impresor, editor, administrador de correos, catedrático y científico. Franklin fue uno de los primeros americanos en proponer la unión de las colonias americanas y había vivido en Londres durante muchos años como **embajador** americano extraoficial. Regresó a América en 1775, al comienzo de la guerra, para poner su experiencia y sus conocimientos a disposición del Segundo Congreso Continental.

Benjamin Franklin, 1706-1793.

La Declaración de Independencia expresaba el deseo de los colonos de obtener su libertad con respecto a lo que consideraban un gobierno injusto por parte de los británicos. Deseaban gobernarse solos. Sin embargo, pocos de esos líderes eran demócratas y no compartían la creencia de Thomas Paine en una **revolución** y en que todo el mundo pudiera votar. Tampoco pensaban, como Paine, que el rey Jorge fuera un 'bruto rea'. Cada uno tenía sus propias ideas acerca de la clase de nación en que podían convertirse los Estados Unidos.

Lo que decía la declaración

En el siglo XVIII Gran Bretaña estaba gobernada por su rey y por un parlamento compuesto principalmente de nobles y terratenientes. Empezaba muy lentamente a convertirse en una **democracia.** Ahora los americanos declaraban creer en el derecho de todo ciudadano a 'la vida, la libertad y la lucha por la felicidad'. ¿Qué clase de gobierno hacía falta para ello?

Puesto que era abogado, Thomas Jefferson sabía que debía defender bien su caso. De modo que el documento comienza explicando por qué los americanos tuvieron que 'derrocar' a un gobierno que intentaba 'reducirlos a través de un **despotismo** absolutista'. El despotismo era tiranía, y el despotismo absolutista era el peor de todos. Después,

Los barcos del rey Jorge desembarcan tropas en Boston (Nueva Inglaterra).

seguía una lista con los 'crímenes' del rey Jorge. El rey fue acusado de crear impuestos injustos, de introducir por la fuerza un ejército en América y de librar una guerra con soldados a sueldo (alemanes) para 'completar las labores de muerte, desolación y tiranía'. Había puesto a los esclavos negros en contra de sus amos y estaba aliado con indios guerreros. Las embarcaciones del rey habían secuestrado a marineros americanos 'saqueado nuestros mares, asaltado nuestras costas, incendiado nuestras ciudades, destruido las vidas de nuestras gentes'.

Jorge III, rey de Gran Bretaña de 1760 a 1820.

Aquellas acusaciones retrataban al rey Jorge y a su gobierno de una forma mucho peor de lo que en realidad eran. Jefferson escribía para inspirar al pueblo americano, y para ganarse la simpatía de los países extranjeros.

La Declaración propiamente dicha es la última parte del documento. Los representantes de los 'Estados Unidos de América' actuando 'en el nombre y bajo la autoridad de la buena gente de estas colonias' declararon que las colonias 'son, y por derecho deben ser, ESTADOS LIBRES E INDEPENDIENTES'. El rey y el gobierno de Gran Bretaña ya no gobernaban América.

La reacción

La noticia de la Declaración fue difundida por jinetes que recorrieron al galope las carreteras que unían las ciudades coloniales. La gente pudo leerla en periódicos como el Boston News-Letter. Muchos americanos se alegraron. Tocaron tambores, dispararon **mosquetes**, bailaron en los jardines de los pueblos e izaron banderas en los 'mástiles de la libertad'.

Los neoyorquinos derriban la estatua del rey Jorge III para festejar la Declaración de Independencia.

No todos los americanos le dieron la bienvenida a la Declaración. Algunos se limitaron a continuar con su vida habitual, ignorando la guerra. Un número sorprendente (más o menos un tercio de los tres millones de habitantes de las colonias) se puso de parte de Gran Bretaña. Aquellas personas, conocidas como partidarios del régimen, se unieron a las fuerzas británicas, y muchos miles, tras la guerra, se mudaron a Canadá o a Gran Bretaña.

Cada colonia se denominaba ahora estado, estableciendo su propio gobierno para reemplazar al gobernador designado por el rey. La dirección de la guerra pasó al Congreso y al general Washington.

El gobierno británico se burló de la Declaración, aunque algunos políticos británicos, como Charles James Fox, apoyaban a los americanos. Los generales británicos confiaban en poder derrotar a los americanos con facilidad. Creían que su ejército de 50.000 soldados sería demasiado poderoso para un puñado de colonos armados con mosquetes y escopetas de caza.

El general George Wahington, que más tarde se convertiría en el primer presidente de los Estados Unidos.

Sin embargo, los americanos tenían varias ventajas, ya que luchaban en su propio territorio, conocían los campos y bosques y podían confiar en la ayuda de los civiles. En lugar de avanzar hacia el campo de batalla en líneas bien formadas, como hacían los casacas rojas, los americanos a menudo disparaban desde la protección de los árboles y los graneros. Ambos bandos lucharon valientemente, pero los comandantes americanos eran más osados que los británicos.

La victoria americana

Los americanos sufrieron varias derrotas (perdieron Nueva York en 1776 y Filadelfia en 1777). Pero siempre regresaban de nuevo, aprovechando la mala planificación británica. Los buques de guerra británicos patrullaban frente a los puertos americanos, pero no conseguían cortar el suministro de provisiones de guerra para América. Los americanos recibían ayuda de Francia, que estaba aprovechando la oportunidad para arreglar viejas cuentas con Gran Bretaña.

Los americanos tenían suerte de que George Washington fuera su general. Él hizo que las palabras de la Declaración fueran leídas a todas las compañías de su ejército, así que todos los hombres sabían por qué estaban luchando.

El general Burgoyne se rinde al general Gates en Saratoga, Nueva York, en 1777.

El general Cornwallis se rinde a los americanos en Yorktown, el 19 de octubre de 1781.

En 1777, un ejército británico que marchaba hacia el sur desde Canadá quedó aislado y se rindió en Saratoga (Nueva York) al general americano Horatio Gates. Después Francia se unió a la guerra, y en 1781 los americanos ganaron la gran batalla final en Yorktown (Virginia). Atrapado por las fuerzas americanas y francesas, el general Cornwallis rindió el último ejército británico. Los americanos habían ganado.

Las conversaciones de paz comenzaron en Francia, en 1782. El tratado de paz se firmó el 3 de septiembre de 1783, cuando Gran Bretaña por fin reconoció la independencia de los Estados Unidos y dio el visto bueno a sus fronteras. Ahora los americanos podían de verdad celebrar su libertad. Las 13 colonias formaban una sola nación.

Una nueva nación

En 1787 la nueva Constitución de los Estados Unidos fue aprobada por los dirigentes de los 13 estados. Sus principales autores eran Washington, Franklin, James Madison y Alexander Hamilton. El sistema que trazaron se ha mantenido sin grandes cambios hasta el día de hoy. La Constitución estableció tres ramas de gobierno: la ejecutiva (el presidente), la legislativa (las dos cámaras del Congreso) y la judicial (las Cortes Federales).

Los americanos quedaron vencedores en la guerra, pero se endeudaron. Una de las primeras tareas del nuevo Congreso fue aprobar unas leyes para subir los impuestos. El comercio con Gran Bretaña pronto se recuperó.

De hecho, Gran Bretaña sufrió poco con aquella derrota, y en cambio aprendió mucho. Por otro lado, Francia quedó

George Washington acepta la Constitución firmada el 17 de septiembre de 1787.

casi arruinada y eso catalizó la Revolución Francesa de 1789: una revolución inspirada por los acontecimientos que habían tenido lugar en América.

En 1789, George Washington fue elegido como primer presidente de los Estados Unidos. Una Declaración de Derechos, en 1791, garantizaba los derechos de todos los ciudadanos, entre ellos la libertad de expresión, la libertad religiosa, la libertad de prensa y el derecho a ser juzgado por un jurado.

La Casa Blanca, Washington DC, donde vive el presidente de los Estados Unidos.

Thomas Jefferson había soñado con una democracia de pequeños granjeros independientes. Su ideal era poco práctico, como descubrió el propio Jefferson cuando se convirtió en presidente, en 1800. Los Estados Unidos ya habían crecido demasiado.

Desde la Declaración de Independencia, el gobierno se ha ido haciendo más poderoso y más complejo. Los Estados Unidos han crecido, y de las 13 colonias han pasado a ser una unión de 50 estados. Hoy día se trata de la única superpotencia del mundo. Sin embargo, los ideales que había detrás de la Declaración siguen ejerciendo una fuerte influencia sobre los gobiernos democráticos y sobre las personas que luchan por la democracia en todo el mundo.

Cronología

1607   Primera colonia británica permanente en América, en Jamestown, Virginia.

1619   Se establece el primer gobierno colonial en Virginia.

1643   William Penn funda Pensilvania, donde Filadelfia crece hasta convertirse en la mayor ciudad colonial de América.

1763   Gran Bretaña derrota a Francia en la lucha por el control de Norteamérica, y envía sus ejércitos a las colonias americanas.

1765   La Ley del Timbre establece un impuesto sobre periódicos y documentos legales que indigna a los americanos.

1770   *5 de marzo*: Tres americanos mueren durante la 'Matanza de Boston'.

1773   *16 de diciembre*: Se produce el motín del té de Boston, una protesta contra la compra de té británico barato.

1774   Gran Bretaña otorga nuevos poderes al gobernador de Massachusetts y cierra el puerto de Boston.

1774   *5 de septiembre*: El Primer Congreso Continental se reúne en Filadelfia.

1775   *19 de abril*: Disparos en Lexington y Concord que anuncian el comienzo de la Guerra de Independencia.

1775   *10 de mayo*: El Segundo Congreso Continental se reúne en Filadelfia.

1775   *14 de junio*: El congreso organiza el Ejército Continental, poniendo al mando de éste a George Washington al día siguiente.

1775   *Julio*: El Congreso pide al rey Jorge III que solucione las quejas de los americanos.

1775	*23 de agosto*: El rey Jorge III declara rebeldes a los colonos.
1776	*Enero*: El panfleto de Tom Paine, *Sentido común*, defiende la independencia americana.
1776	*7 de junio*: Richard Henry Lee de Virginia pide al Congreso que vote por la independencia.
1776	*2 de julio*: El Congreso vota 'sí' a la resolución de Lee.
1776	*4 de julio*: El Congreso aprueba el borrador final de la Declaración de Independencia.
1776	*2 de agosto*: John Hancock y otros dirigentes firman la Declaración.
1780	Las tropas francesas ayudan a los americanos.
1781	*19 de octubre*: En Yorktown (Virginia) se rinde el ejército británico.
1782	*Abril*: Comienzan las conversaciones de paz en París (Francia).
1783	*3 de septiembre*: El Tratado de París pone fin oficialmente a la guerra. Gran Bretaña reconoce la independencia de los Estados Unidos.
1787	Se aprueba la Constitución de los Estados Unidos.
1789	George Washington sale elegido como primer presidente de los Estados Unidos.

Glosario

colonos Personas que forman sus hogares en una tierra nueva, a menudo lejos de sus tierras de origen.

colonos Un grupo de personas que se trasladan desde su propio país para establecer un asentamiento (una colonia) en otra tierra.

democracia Sistema de gobierno controlado por el pueblo a través de una asamblea que dicta las leyes.

despotismo Gobierno de una persona que hace lo que quiere, sin compartir el poder con nadie y comportándose como un tirano.

embajador El representante de un país en otro, y que dirige una embajada.

imperio Un grupo de naciones o un pueblo bajo la dirección de una sola persona o gobierno.

impuestos Dinero que la gente tiene que pagar al gobierno. Los aranceles son impuestos que se cobran por las cosas que la gente compra y vende.

mosquete Pistola larga que se dispara apoyada sobre el hombro, como un rifle, utilizada en el siglo XVIII.

patriota Persona que ama tanto a su país que está dispuesta a trabajar y luchar por él.

pergamino Un tipo de papel antiguo, hecho con piel de animal.

república Forma democrática de gobierno, dirigido por funcionarios electos y a menudo encabezado por un presidente, como en los EE. UU.

resolución Algo sujeto a debate y a la decisión de actuar, que elaboran un grupo de personas después de discutir y de una votación en la que se puede votar a favor o en contra de la decisión.

revolución Derrocar de forma violenta a un gobernador o gobierno.

traidor Persona que actúa en contra del gobierno o gobernante de su país.

Índice analítico